GIACOMO SAVER

INVESTIRE LOW COST

Come Trovare e Utilizzare Strumenti Finanziari a Basso Costo per Massimizzare le Tue Rendite da Investimenti

Titolo

"INVESTIRE LOW COST"

Autore

Giacomo Saver

Editore

Bruno Editore

Sito internet

http://www.brunoeditore.it

Sommario

Introduzione

La crisi economica in atto ha messo in luce una verità finora solo intuita dai risparmiatori italiani: per investire in modo corretto i propri risparmi è necessario ottimizzare i costi che gravano sugli strumenti finanziari utilizzati.

Mentre nella vita di tutti i giorni vale la regola «chi più spende meno spende», in finanza è esattamente il contrario.

I fondi comuni d'investimento, le polizze proposte dalle banche e le obbligazioni vendute allo sportello presentano costi elevati e rendimenti bassi per chi li sceglie.

Questo corso ti svelerà dapprima quali sono gli strumenti finanziari efficienti, che presentano dei costi di amministrazione bassissimi, e poi ti fornirà le linee guida per impostare un programma di investimento semplice ed efficace. Ovviamente non diventerai milionario applicando il contenuto di questo corso, ma otterrai finalmente buoni rendimenti dai tuoi risparmi grazie all'utilizzo dei migliori strumenti finanziari, che la tua banca però non ti proporrà mai.

E ora iniziamo questo meraviglioso viaggio alla scoperta di un modo nuovo di investire!

Buona lettura e buon divertimento!

Giacomo Saver

Giacomo Saver

www.segretibancari.com

CAPITOLO 1:
Come investire in modo remunerativo con prodotti low cost

«Quali sono gli strumenti di investimento low cost?» «E perché la mia banca non me ne ha mai parlato?» Ecco ciò che scoprirai in questo capitolo.

La regola aurea

Prima di iniziare insieme questo straordinario viaggio che farà di te un **investitore nuovo**, è bene che tu tenga presente una cosa: la regola secondo cui ciò che per un operatore economico è un costo per un altro è un ricavo vale sempre, anche nei rapporti che intrattieni con la tua banca. Gli istituti di credito guadagnano, oggi, grazie soprattutto alle commissioni applicate sulle operazioni finanziarie, più che sui prestiti fatti alla clientela, come accadeva invece qualche anno fa.

SEGRETO n. 1: le banche sono diventate degli intermediari

finanziari più che creditizi.

Se hai provato a chiedere un prestito, sai bene quanto sia difficile ottenere un finanziamento dall'istituto di tua fiducia. E sai perché? Perché le banche si sono accorte che **è più redditizio operare come intermediari** nell'ambito degli investimenti che non come soggetti che prestano soldi.

Fino a non molti anni fa gli istituti di credito raccoglievano denaro dai risparmiatori per prestarli alle imprese. In questo modo se da un lato svolgevano un servizio utile e insostituibile al sistema economico, dall'altro correvano grossi rischi.

Se un debitore non restituiva il capitale preso a prestito, **la banca non poteva certo rifarsi sul depositante** che aveva versato la stessa somma su un conto. Ecco allora che le perdite provocate dalle insolvenze dei clienti venivano coperte con il capitale della banca stessa e non con i soldi dei risparmiatori.

Con la privatizzazione del mercato bancario e la nascita delle **investment bank**, la situazione è profondamente cambiata.

Gli istituti sono diventati degli intermediari che mettono in relazione diretta le imprese e le famiglie. In questo modo percepiscono delle commissioni di intermediazione, ma restano fuori da qualsiasi tipo di rischio.

SEGRETO n. 2: l'offerta bancaria è composta da strumenti finanziari cari e poco redditizi per te.

Il motivo per cui le banche oggi sono in difficoltà deriva dal fatto che hanno preso posizione sul mercato dei capitali utilizzando in proprio i derivati, ma questo è un altro discorso. L'attività di intermediazione pura, in quanto tale, non comporta nessun rischio.

Immaginiamo questa situazione: un'impresa ha bisogno di capitali e, invece di richiederli alla banca, **emette un'obbligazione**. Poi la banca la vende ai risparmiatori. Se l'impresa va in default il bond diventerà carta straccia: il risparmiatore ha corso tutti i rischi mentre l'istituto di credito ha incassato la sua commissione di intervento.

Ora ti è chiaro il motivo per cui le banche hanno trasformato profondamente la propria attività, passando da intermediari del credito a intermediari finanziari che propongono ai clienti prodotti finanziari potenzialmente più rischiosi di quanto non lo siano i classici depositi?

Avrai modo di osservare più avanti che i **depositi bancari privi di rischio ci sono ancora**, ma si tratta di prodotti poveri per chi li vende. Al fine di creare utili a rischio zero, le banche cercheranno di proporti strumenti d'investimento cari, che rendono per loro ma costano per te.

La conseguenza di ciò è che di solito i **clienti delle banche sono scontenti perché non guadagnano nulla** dai propri impieghi finanziari. Gli interessi sono in gran parte rosicchiati dai costi che, ovviamente, incidono sul risultato finale. Per questo motivo dovrai tenere ben presente questa regola aurea, che da sola vale metà dei segreti che scoprirai proseguendo nella lettura: *le banche hanno tutto l'interesse a proporti prodotti di investimento cari, i cui costi incideranno pesantemente sul risultato finale dell'operazione*.

SEGRETO n. 3: prima di sottoscrivere una qualsiasi forma di investimento informati sempre sui rischi che ti assumi e sui costi che sopporti. Prendi tempo, richiedi la documentazione relativa al prodotto e leggila a casa con calma.

Che cosa *non* fare allo sportello

Prima di entrare nel dettaglio di quelli che sono i migliori investimenti low cost, è bene che facciamo chiarezza su che cosa sono gli investimenti rischiosi che dovrai assolutamente evitare:

- i fondi di investimento;
- le obbligazioni i cui interessi sono agganciati a indici di borsa;
- le polizze vita.

In ogni caso, quando ti viene offerto un investimento informati sempre nel dettaglio dei rischi e dei costi.

SEGRETO n. 4: gli strumenti finanziari più cari sono i fondi comuni d'investimento, le obbligazioni strutturate e i prodotti assicurativi.

Gli strumenti finanziari efficienti che incontrerai man mano che proseguirai nella lettura di questo corso, invece, presentano il grande vantaggio di essere privi (o quasi) di costi. In questo modo ti permettono di beneficiare di rendimenti migliori rispetto ai prodotti consigliati dalla tua banca.

Un'ultima raccomandazione: quando andrai allo sportello per acquistare uno degli investimenti, aspettati di dover affrontare un **forte ostruzionismo**. Ad esempio: è normale che ti venga detto che stai per acquistare prodotti rischiosi, pericolosi, che per il tuo futuro benessere faresti meglio a scegliere i prodotti offerti dalla tua banca.

Tu lascia parlare il tuo interlocutore: in fin dei conti lui fa il suo mestiere e gli interessi di chi (la banca) gli paga lo stipendio. Ma interpreta questo ostruzionismo come **la conferma** che stai agendo solo a tuo vantaggio. Il motivo che spinge il tuo consulente a frenarti è proprio la necessità di difendere gli interessi della banca rifilandoti uno strumento finanziario che di sicuro renderà all'istituto stesso. E a te molto meno!

RIEPILOGO DEL CAPITOLO 1:

- SEGRETO n. 1: Le banche sono diventate degli intermediari finanziari più che creditizi.
- SEGRETO n. 2: L'offerta bancaria è composta da strumenti finanziari cari e poco redditizi per te.
- SEGRETO n. 3: Prima di sottoscrivere una qualsiasi forma di investimento informati sempre sui rischi che ti assumi e sui costi che sopporti. Prendi tempo, richiedi la documentazione relativa al prodotto e leggila a casa con calma.
- SEGRETO n. 4: Gli strumenti finanziari più cari sono i fondi comuni di investimento, le obbligazioni strutturate e i prodotti assicurativi.

CAPITOLO 2:
Come investire a breve termine

Il primo tipo di strumento finanziario efficiente, che non costa nulla a parte il bollo governativo, è il **conto deposito**. Si tratta, nella pratica, della versione moderna dei tradizionali libretti di risparmio dei nostri nonni. Le caratteristiche di questi prodotti sono:

- la semplicità;
- la flessibilità;
- la convenienza;
- la comodità;
- la sicurezza.

Esaminiamo insieme uno per uno questi fattori.

Come funziona un conto deposito

Un conto deposito altro non è che la versione moderna ed elettronica del tradizionale *libretto di risparmio*. È il deposito bancario per eccellenza, rappresentato da operazioni di versamento e prelievo di denaro. Questa forma di risparmio ti permette di **ottenere degli interessi periodici sulle somme versate,** sulla base di un tasso pattuito applicato alla durata dell'operazione.

Se depositi, tanto per fare un esempio, 1000 euro presso la tua banca e li lasci sul tuo libretto per tre mesi, otterrai una remunerazione pari al tasso annuo pattuito moltiplicato per 3/12. Le **differenze** tra i vecchi libretti di risparmio e i moderni conti deposito sono essenzialmente due:

- il **libretto non esiste più**, perché è stato sostituito dall'area riservata della banca cui accedi grazie all'utilizzo di appositi codici;
- i versamenti e i prelievi non si fanno più presentandosi allo sportello e consegnando o ritirando banconote ma attraverso un **bonifico**.

Esaminiamo in dettaglio questo punto cruciale per comprendere la dinamica dei depositi. Quando scegli di investire in un conto deposito, nella pratica apri un conto online presso una banca che ti fornisce le coordinate del conto stesso e i codici di accesso. Nella fase di **attivazione del contratto** dovrai anche inserire il codice IBAN completo di un conto corrente **già aperto presso la tua banca di fiducia**. Il conto deposito e il tuo conto corrente (definito, nel gergo, *conto predefinito*) saranno indissolubilmente legati.

I “versamenti” sul deposito andranno fatti mediante bonifico dal conto predefinito o da un altro conto. Alcune banche, ad esempio, permettono l’accredito di somme sul conto deposito anche se provenienti da soggetti terzi. Questa è l’unica operatività permessa agli estranei sul tuo conto deposito.

Allo stesso modo, quando vorrai prelevare, invece di recarti fisicamente presso lo sportello, ti potrai collegare online con la banca presso cui intrattieni il deposito e fare un bonifico a favore del conto predefinito.

Non sono ammessi né bonifici a favore di terzi, né bonifici effettuati a favore di un conto diverso da quello predefinito. Alcuni istituti permettono l’inserimento di più conti predefiniti, ma tutti dovranno avere la medesima intestazione del conto deposito. Ad esempio, se il conto deposito è intestato a te e a tua sorella, anche il conto corrente, per poter essere identificato come predefinito, dovrà avere la medesima e precisa intestazione.

Quanto costano i conti deposito

Fino alla fine del 2011 la tenuta dei conti deposito era **completamente gratuita**. Poi il *decreto Salva Italia* ha modificato l'imposta di bollo compromettendo anche questa forma di impiego del risparmio.

L'apertura, la gestione e la chiusura di un conto deposito sono assolutamente gratuite in ogni caso. Le banche, invece, stanno applicando l'imposta di bollo pari allo 0,10% per il 2012 e allo 0,15% dal 2013 in avanti con un minimo di 34,20 euro annui per conto.

L'introduzione del bollo non rende conveniente l'apertura di un conto deposito per importi inferiori a 20.000 euro. L'incidenza del bollo sarebbe così forte da vanificare gli interessi che incasseresti.

SEGRETO n. 5: apri un conto deposito solo per importi superiori a 15.000 euro. Al di sotto di questo importo, i bolli non saranno ammortizzati.

I **prelievi** dal conto deposito (ossia i bonifici in uscita verso il conto predefinito) **sono sempre gratuiti**, mentre i versamenti hanno un onere pari al costo di un bonifico ordinario. Come abbiamo visto. Infatti, i versamenti fatti a favore dei conti deposito altro non sono che bonifici eseguiti dal conto predefinito.

Ora hai un motivo in più per negoziare con la tua banca l'abbassamento dei costi per i bonifici. Se un'operazione ti costasse, ad esempio, 4 euro, ti converrebbe attendere prima di fare un versamento sul conto deposito, così da ammortizzare questo onere.

L'ideale sarebbe aprire un conto corrente presso una banca che non ti faccia pagare i bonifici, oppure negoziare un costo massimo di un euro a operazione. In questo modo non sarai penalizzato, anche se sceglierai di trasferire somme piccole nell'ordine di

100/200 euro sul tuo conto deposito.

SEGRETO n. 6: negozia con la tua attuale banca i costi dei bonifici portandoli a un massimo di 1 euro a operazione. In questo modo utilizzerai al meglio il conto deposito.

Gli interessi sono tassati con aliquota del 20% al pari di tutte le attività finanziarie (a esclusione dei titoli di stato i cui interessi sono soggetti all'imposta del 12,50%).

Conti liberi e vincolati

In un momento successivo all'apertura, puoi scegliere se lasciare i tuoi soldi liberi di essere prelevati in ogni momento, oppure vincolarli per un certo periodo. In quest'ipotesi otterrai un rendimento più elevato, sotto forma di interesse, grazie al fatto che ti impegni a non toccare quel denaro prima della scadenza.

Ovviamente non è necessario aprire più conti per ognuno dei vincoli che intendi realizzare: essi possono tranquillamente coesistere nello stesso conto deposito. Le cose importanti da considerare sono due:

- suddividere gli importi tra *liberi* e *vincolati* sulla base delle tue previsioni di spesa: non ha senso lasciare i soldi liberi se prevedi di non utilizzarli per alcuni mesi, ma non ha senso vincolarli tutti;

- assicurarsi che sia possibile effettuare lo svincolo anticipato: questo ti permetterà di vincolare la maggior parte dei tuoi soldi, sapendo che in caso di bisogno potrai riottenere indietro i tuoi soldi con la sola perdita degli interessi maturati.

Evita invece quei conti deposito che non ti permettono di smobilizzare i soldi prima della scadenza. Se capita un'emergenza sei nei guai!

Ora ti svelo un vero e proprio segreto. Quando decidi di vincolare i tuoi soldi, fai più operazioni di piccolo importo per la stessa scadenza. Ad esempio, vincola tre tranche da 500 euro l'una invece di una sola da 1500. Ti dico questo perché se dovessi aver bisogno di 300 euro, ad esempio, svincoleresti solo un pezzo del totale mentre gli altri soldi continuerebbero a darti un buon rendimento. Immagina cosa accadrebbe se, avendo bisogno di 400 euro, dovessi svincolarne 10.000!

SEGRETO n. 7: vincola i soldi che prevedi di non utilizzare ed effettua più vincoli suddividendo l'importo totale in più tranche.

La sicurezza dei conti deposito

Hai appena scoperto che i conti deposito sono flessibili e redditizi, grazie alla possibilità di vincolare o meno le somme versate, e comodi perché puoi accedere e movimentare il tuo conto via web da qualunque parte al mondo.

Ora resta da capire meglio perché sono anche sicuri. Innanzitutto i terzi non possono operare sul conto deposito se non facendovi dei versamenti (un'ottima idea è chiedere l'accredito dello stipendio su un conto deposito).

Inoltre i bonifici in uscita sono solo permessi a favore di un conto a te intestato (il conto predefinito) e inoltre l'accesso al tuo conto è protetto da apposite password. Se anche per te – come per me – gestire le password è un problema, ti svelo la soluzione. Puoi scaricare un semplice ma potente programma che ti consente sia di creare password robuste da utilizzare in modo sicuro, sia di archiviarle. Si chiama Keepass e lo trovi gratuitamente cliccando su questo link.

Ti basterà scegliere la versione portatile, scaricarla, copiarla e incollarla su una chiavetta USB e scegliere un'unica password madre con cui aprirai il software per avere poi l'accesso a tutte le altre.

La sicurezza, a livello di solvibilità dell'intermediario, invece, è offerta dal Fondo Interbancario di Tutela dei Depositi, un consorzio tra banche che si impegna ad assicurare il credito fino a 100.000 euro per conto e per depositante.

SEGRETO n. 8: utilizza un software in grado di generare password robuste per ottenere la massima sicurezza.

Ora sei pronto per partire. Sebbene esistano moltissimi conti deposito (fai una piccola ricerca su Google per rendertene conto) io ti consiglio di utilizzare solo quelli delle banche più note:

- Conto Arancio di Ing Direct;
- CheBanca!;

- InMediolanum.

I Pronti Contro Termine

I *Pronti Contro Termine* (PCT) sono una forma di **impiego del denaro a breve scadenza** offerta dalle banche. La loro caratteristica principale risiede nel fatto che c'è un titolo obbligazionario sottostante che garantisce il buon fine dell'operazione. Ma procediamo con ordine.

Con un'operazione di PCT la banca raccoglie denaro dai risparmiatori attraverso una duplice operazione su un titolo obbligazionario. Al momento della stipula del contratto, infatti, la banca cede il titolo stesso al risparmiatore che lo acquista (operazione a pronti) impegnandosi a ricomprare il medesimo titolo alla scadenza a un prezzo prefissato (operazione a termine).

La differenza tra il prezzo *a pronti* e il corrispettivo *a termine* rappresenta il costo per la *provvista* dal punto di vista dell'intermediario e il rendimento per il cliente. Nella pratica, quindi, avvengono due movimenti:

- *a pronti:* il cliente acquista un titolo obbligazionario pagandone il controvalore alla banca;

- *alla scadenza dell'operazione:* il cliente rivende lo stesso titolo alla banca a un prezzo convenuto pari al prezzo a pronti, più gli interessi pattuiti con la banca stessa.

A differenza di una doppia compravendita ordinaria, nella quale non è possibile conoscere in anticipo il prezzo di rivendita dello strumento finanziario, nelle operazioni di PCT tutto è stabilito a priori. Il cliente sa, dunque, quanto gli renderà l'operazione, mentre la banca quanto gli costerà.

SEGRETO n. 9: i Pronti Contro Termine sono depositi garantiti dalla presenza di un'obbligazione sottostante.

Luci e ombre dei Pronti Contro Termine

Dal tuo punto di vista le operazioni di PCT sono una forma conveniente per investimenti di breve termine (la scadenza tipica di questi prodotti va da uno ai 6/9 mesi al massimo) a un tasso vantaggioso. Vedremo tra un attimo come calcolare il rendimento effettivo al netto di un'operazione di Pronti Contro Termine. Prima, però, è bene mettere in luce alcuni punti critici.

In primo luogo non tutte le banche permettono lo smobilizzo anticipato del contratto. Prima di sottoscrivere un PCT, assicurati anzitutto che sia **prevista la clausola di smobilizzo anticipato**.

In caso contrario è bene che tu sia consapevole che non potrai disporre di quella somma fino alla scadenza. Questo, naturalmente, non è detto sia un male, ma è bene che tu ne sia consapevole per fare la scelta giusta.

In seconda battuta dovrai informarti bene circa quale sia lo strumento sottostante l'operazione. Come abbiamo appena detto, infatti, è il titolo su cui il PCT è costruito **la vera garanzia del buon fine dell'operazione.**

Immagina che la banca abbia difficoltà a restituirti i soldi alla scadenza. Nella peggiore delle ipotesi puoi rifarti attraverso la vendita sul mercato del titolo sottostante. Ecco allora che l'emittente dell'obbligazione stessa assume un ruolo fondamentale nell'economia dell'intera operazione.

A volte, per offrirti un tasso più elevato, il titolo sottostante è un'obbligazione emessa dalla stessa banca. Niente di male, beninteso. Ancora una volta devi prendere consapevolezza che, in caso di dissesto, non saresti tutelato perché il tuo credito andrebbe a zero.

Per i Pronti Contro Termine, infatti, **non esiste la copertura del credito fino a 100.000 euro offerta dal fondo interbancario di tutela dei depositi** (come avviene, invece, per i conti deposito).

Poiché i Pronti Contro Termine implicano una doppia movimentazione del saldo titoli (all'accensione ti *entra* un titolo in dossier, mentre al momento della scadenza esso *esce*), devi anche considerare che questo avrà delle conseguenze a livello di bolli. Se non hai il conto titoli aperto, probabilmente dovrai pagare il bollo minimo di 34,20 euro annui, cosa che va a ridurre la convenienza dell'operazione. Prima di fare un PCT, informati bene sull'incidenza del bollo e sull'eventuale costo del dossier titoli (alcune banche fanno pagare un canone per la tenuta del conto, altre lo offrono gratuitamente).

SEGRETO n. 10: informati sulla natura del titolo sottostante

un'operazione di Pronti Contro Termine.

Il rendimento di un Pronti Contro Termine

Il tasso di rendimento di un PCT, espresso in forma percentuale e su base annua, è quel tasso di interesse effettivo con cui i soldi sono prestati all'intermediario. Esso si calcola utilizzando la formula inversa dell'interesse semplice:

$$r = \frac{36.500 * (\text{prezzo a termine} - \text{prezzo a pronti})}{(\text{prezzo a pronti})\text{giorni}}$$

I giorni sono quelli della durata effettiva dell'operazione, calcolati secondo il calendario *civile*, mentre il prezzo a termine e quello a pronti sono rispettivamente gli importi accreditati alla scadenza e l'ammontare addebitato in conto corrente al momento dell'accensione del Pronti Contro Termine stesso.

Un esempio numerico chiarirà a fondo la procedura da seguire. Immaginiamo che tu abbia stipulato con la tua banca un'operazione di PCT di tre mesi (partita il 3 marzo 2012 e con scadenza il 3 giugno dello stesso anno). L'importo iniziale è pari a 31.000 euro mentre l'accredito netto alla scadenza corrisponde a 31.232,50 euro. I giorni che separano le due date sono 92 e la formula sarà:

$$\frac{(31.232{,}50 - 31.000) * 36.500}{31.000 * 92}$$

Ricordo che gli interessi dei Pronti Contro Termine sono tassati con l'aliquota del 20% e che le imposte saranno scalate dal controvalore alla scadenza. Il prezzo a termine da inserire nella formula sarà pertanto il netto accreditato una volta sottratte le imposte.

I BOT

I Buoni Ordinari del Tesoro, (BOT) sono **titoli di stato a breve termine** la cui durata (al momento dell'emissione) è pari a 3, 6 o 12 mesi. Occasionalmente sono stati emessi BOT con durata differente da quelle standard.

I Buoni sono emessi regolarmente ogni mese, in apposite aste (a questo link puoi conoscere il calendario delle prossime emissioni) e non pagano interessi periodici.

Data la loro brevità, essi sono sottoscritti (o acquistati sul mercato una volta che gli stessi sono stati emessi) a un prezzo inferiore al loro valore di rimborso (che coincide con il valore nominale). In questo modo la differenza tra il valore rimborsato alla scadenza e il corrispettivo pagato al momento dell'emissione rappresenta l'interesse dell'operazione.

Sottoscrivere o acquistare i BOT è molto semplice: è sufficiente andare in banca e prenotarli per la prossima asta, se si vuole sottoscriverli, oppure acquistarli sul mercato se si vuole comprare un titolo già in circolazione.

Che cosa è meglio fare? Sottoscrivere i BOT in asta o comprarli sul mercato? La risposta non è scontata, ma ora vedrai **quali sono gli elementi da considerare per scegliere al meglio cosa fare.**

Vantaggi della sottoscrizione

Sottoscrivere i BOT in asta presenta un grande vantaggio: le commissioni massime sono stabilite per legge e di solito sono inferiori a quelle che la banca applica per gli acquisti sul mercato.

Mentre un BOT quotato è soggetto agli stessi oneri di qualsiasi obbligazione, quelli sottoscritti in asta hanno dei limiti che tengono conto della durata del titolo. Ma su questo torneremo tra un attimo.

Svantaggi della sottoscrizione

Prenotare i BOT in asta significa avere due grossi limiti:

- non è possibile conoscere anticipatamente il rendimento effettivo del titolo, poiché lo stesso dipenderà dal prezzo di assegnazione dei BOT, il che sarà noto solo a cose fatte;
- la flessibilità in merito alle scadenze è ridotta, poiché è possibile solo optare per una scadenza trimestrale, semestrale o annuale.

Al contrario, acquistando i BOT sul mercato è possibile avere molta più scelta: è possibile determinare il rendimento effettivo al momento dell'acquisto poiché il prezzo cui comprerai il titolo è noto sin da subito, ma di solito le commissioni di negoziazione sono più elevate e incidono in maniera tanto più forte quanto più la scadenza del BOT è vicina.

Ora, poiché esaminare tutte le implicazioni di quanto ho appena scritto ci porterebbe troppo lontano, permettimi di darti qualche regola pratica:

- non acquistare i BOT sul mercato secondario ma prenotali solo in asta. In questo modo non avrai delle sorprese provocate da commissioni di negoziazione troppo alte. Ricorda che nella sottoscrizione in asta le spese dell'operazione sono fissate per decreto e di solito sono molto più basse di quelle che la tua banca ti applica per gli acquisti;
- compra solo BOT semestrali e annuali. Di solito i BOT trimestrali rendono meno di un conto deposito vincolato e non sono vendibili con la stessa facilità prima della scadenza. Se tu sciogli il vincolo perdi solo gli interessi ma conservi intatto il capitale. Per smobilizzare un BOT prima della scadenza devi venderlo, il che significa che non sai a che prezzo potrai farlo e che – comunque – pagherai delle commissioni una seconda volta.

Mentre anni fa i BOT erano investimenti interessanti, oggi preferisco i conti deposito, per via della loro maggiore flessibilità.

SEGRETO n. 11: prenota i BOT in asta solo per scadenze a 6 e 12 mesi.

Ti consiglio quindi di scegliere i BOT solo se il loro rendimento è superiore a quello di un conto deposito vincolato di pari scadenza e se prevedi di non aver bisogno di quei soldi prima della scadenza del titolo stesso. Negli altri casi utilizza i conti deposito.

Il calcolo del rendimento di un BOT

La formula per il calcolo del rendimento di un BOT è la stessa che abbiamo esaminato poco fa a proposito dei Pronti Contro Termine. La differenza risiede nel fatto che come numeratore avremo la differenza tra il valore nominale (di rimborso) e il prezzo di acquisto comprensivo delle commissioni. Tieni presente che le imposte sugli interessi, pari al 12,50%, sono applicate al momento dell'acquisto per cui il valore rimborsato alla scadenza sarà esattamente il valore nominale.

$$r = \frac{36.500(\text{valore nominale} - \text{prezzo di acquisto})}{\text{prezzo di acquisto} * \text{giorni}}$$

Data l'analogia con la formula vista prima e la semplicità di calcolo, non faremo esempi pratici di calcolo del rendimento del BOT. Proseguiamo, invece, l'esame degli strumenti finanziari efficienti e scopriremo tutti i segreti delle obbligazioni.

RIEPILOGO DEL CAPITOLO 2:

- SEGRETO n. 5: Apri un conto deposito solo per importi superiori a 15.000 euro.
- SEGRETO n. 6: Negozia con la tua attuale banca i costi dei bonifici portandoli a un massimo di un euro a operazione. In questo modo utilizzerai al meglio il conto deposito.
- SEGRETO n. 7: Vincola i soldi che prevedi di non utilizzare ed effettua più vincoli suddividendo l'importo totale in più tranche.
- SEGRETO n. 8: Utilizza un software in grado di generare password robuste per ottenere la massima sicurezza.
- SEGRETO n. 9: I Pronti Contro Termine sono depositi garantiti dalla presenza di un'obbligazione sottostante.
- SEGRETO n. 10: Informati sulla natura del titolo sottostante un'operazione di Pronti Contro Termine.
- SEGRETO n. 11: Prenota i BOT in asta solo per scadenze a 6 e 12 mesi.

CAPITOLO 3:
Come investire in obbligazioni

Che cosa sono le obbligazioni

Dopo i conti deposito che abbiamo appena esaminato insieme, **le obbligazioni (o bond) sono gli strumenti finanziari più sicuri in cui investire i tuoi risparmi.** Esse rappresentano un prestito che l'investitore fa all'emittente del titolo. Le caratteristiche fondamentali delle obbligazioni sono due:

- la data di scadenza, alla quale l'emittente/debitore restituirà il denaro preso in prestito estinguendo il titolo stesso;
- gli interessi che l'obbligazione pagherà.

Per quanto riguarda la scadenza, la quasi totalità dei titoli in circolazione prevede il rimborso in un'unica soluzione al termine della vita dell'obbligazione. Alcuni bond rimborsano il capitale in più tranche durante la loro vita, ma si tratta di casi piuttosto rari.

Dal punto di vista della corresponsione degli interessi, le

obbligazioni si dividono in:

- zero coupon;
- titoli a tasso fisso;
- titoli indicizzati;
- titoli a tasso crescente o decrescente;
- titoli strutturati.

Esaminiamone le caratteristiche. Gli **zero coupon** sono obbligazioni prive di interessi periodici. L'intera remunerazione sarà corrisposta alla scadenza insieme con il capitale.

Il vantaggio di questi strumenti è che non rendono necessario il reinvestimento degli interessi, poiché essi vengono automaticamente reimpiegati nel titolo stesso.

Lo svantaggio consiste nel fatto che essi non pagano proventi periodici e quindi **non sono lo strumento adatto se vuoi avere un reddito integrativo**. Il tasso d'interesse di uno zero coupon comunque è fisso e costante per tutta la durata del bond.

Le obbligazioni a **tasso fisso** sono titoli che rimborsano il solo capitale alla scadenza, mentre pagano interessi periodici (detti anche cedole) durante la loro vita. Di norma il pagamento potrà avvenire una sola volta l'anno, oppure ogni semestre, o ogni tre mesi. Ogni cedola pagata rappresenterà l'interesse del periodo e sarà costante nel suo ammontare.

I **bond indicizzati** sono una variante di quelli a tasso fisso. Gli interessi pagati periodicamente non sono però costanti ma dipenderanno dall'andamento di un parametro finanziario semplice, come ad esempio un tasso di interesse di riferimento.

Di solito tale parametro è il tasso Euribor (o il tasso dei BOT), cui si somma una maggiorazione definita *spread.* Il vantaggio dei titoli indicizzati consiste nel fatto che la loro redditività nel tempo si adegua alle nuove condizioni di mercato. In questo modo, se i tassi di interesse salgono, crescerà anche l'importo che incasserai via via. Se, invece, i tassi di interesse scendono, anche la remunerazione si adeguerà al ribasso.

Da un lato con questi titoli metti i tuoi soldi al riparo da improvvisi rialzi nei tassi. Dall'altro, in caso di discesa degli stessi vedrai le tue entrate periodiche assottigliarsi. Come puoi ovviare a questo inconveniente? Costruendo un portafoglio diversificato, come vedrai in seguito. Obbligazioni indicizzate particolari sono quelle a **indicizzazione reale**.

La loro caratteristica è che le cedole non variano sulla base dell'andamento dei tassi di interesse, ma del livello dei prezzi. Ciò ti permette di mantenere inalterato nel tempo il potere di acquisto del capitale e degli interessi, poiché le somme pagate dal bond crescono insieme con il livello generale dei prezzi.

Alcuni titoli a indicizzazione reale rivalutano solo gli interessi ma non il capitale, altri invece rivalutano anche il capitale alla scadenza. Ovviamente **i migliori sono questi ultimi**, dal momento che garantiscono il mantenimento del potere di acquisto non solo degli interessi ma anche del capitale.

Il vantaggio dei titoli a indicizzazione reale consiste nella protezione del potere di acquisto del capitale nel tempo. Per contro lo svantaggio consiste nel fatto che i prezzi di mercato di queste obbligazioni oscillano parecchio, esponendoti così a possibili perdite in caso di vendita del bond prima della scadenza. I titoli a **tasso crescente o decrescente** sono bond la cui remunerazione sale o scende nel corso del tempo secondo una scaletta prefissata. I primi (detti *step up*) incentivano la detenzione dell'obbligazione fino alla scadenza, grazie al fatto che gli interessi percepiti cresceranno.

I secondi (*step down*) pagano cedole iniziali elevate rispetto ai livelli correnti dei tassi di interesse, che poi però decrescono con il trascorrere del tempo.

Le **obbligazioni strutturate** sono bond a tasso variabile la cui remunerazione dipende dall'andamento di un parametro complesso. A differenza dei bond indicizzati, i cui interessi dipendono da un tasso di interesse, i prodotti strutturati utilizzano formule di calcolo delle cedole complicati e dipendenti da parametri finanziari complessi.

Ad esempio, gli interessi annuali saranno pari a una percentuale fissa elevata diminuita di un *tot* rapportato alla variazione negativa di un indice di borsa.

O ancora, gli interessi possono essere fissi a condizione che uno o più indici di borsa non scendano al di sotto di un certo valore durante la vita del titolo stesso. A causa della complessità dello strumento, ti consiglio di stare alla larga da queste obbligazioni.

Quanto rende un'obbligazione

Il rendimento di un bond non dipende solo dall'interesse periodico che esso corrisponde. Quando acquisti un'obbligazione sul mercato, difficilmente la pagherai a un prezzo esattamente pari al valore nominale acquistato.

Probabilmente acquisterai il bond a un prezzo superiore o inferiore rispetto al nominale stesso. Poiché alla scadenza otterrai, come valore di rimborso, il nominale stesso, di fatto potrai trovarti in una di queste situazioni:

1. il prezzo di acquisto è maggiore del valore di rimborso;
2. il prezzo di acquisto è inferiore al valore di rimborso.

Nel primo caso otterrai una perdita pari alla differenza tra quanto incasserai e quanto avevi pagato al momento dell'acquisto. La conseguenza di ciò è che il rendimento complessivo del tuo bond sarà inferiore al tasso cedolare. Se, al contrario, acquisterai un'obbligazione a un prezzo inferiore al suo valore nominale, il tuo rendimento complessivo sarà superiore agli interessi pagati poiché dovrai aggiungere un guadagno in conto capitale.

SEGRETO n. 12: quando acquisti un'obbligazione non limitarti a considerare il tasso cedolare ma valutalo insieme con il prezzo di acquisto attraverso il rendimento effettivo netto.

Il tasso di rendimento netto, che anche tu puoi facilmente calcolare come spiegato in questo tutorial, è il vero dato di redditività di un'obbligazione che tiene conto di tutte le variabili fondamentali.

Dove si acquistano le obbligazioni

I bond possono essere acquistati in due modi differenti:

1. in fase di nuova emissione: quando un emittente (Stato, Ente Sovranazionale o società privata) si rivolge al mercato finanziario per reperire nuove disponibilità;
2. in un momento successivo sul mercato.

Nel primo caso si parla di **mercato primario**, ed è necessario prenotare i titoli in banca (a patto che il tuo istituto faccia parte del consorzio di collocamento di quel determinato bond).

Una volta emesse, le obbligazioni vengono scambiate su appositi mercati in cui i possessori che vogliono riottenere i propri soldi possono vendere i loro titoli ad altri risparmiatori che desiderano fare un investimento ma non vogliono attendere il prossimo collocamento.

I due principali mercati in cui le obbligazioni sono scambiate sono il MOT (mercato obbligazionario telematico) e l'Eurotlx. Ricorda che non puoi partecipare direttamente a questi mercati: per inserire un ordine di acquisto o di vendita dovrai necessariamente rivolgerti alla tua banca che funzionerà da tramite.

SEGRETO n. 13: verifica che la tua banca aderisca a entrambi i mercati: il MOT (mercato obbligazionario telematico) e l'Eurotlx.

Questo ti permetterà di avere una **scelta più ampia di titoli disponibili.** La scelta migliore consiste nell'acquistare i titoli direttamente sul mercato, piuttosto che attendere il collocamento di nuove emissioni.

Il livello dei prezzi che si forma sul Mot e sull'Eurotlx dipende sia dalla domanda che dall'offerta. Se vendi un'obbligazione prima della scadenza, non è detto che tu riesca a riprendere il capitale che avevi investito. Tra breve, dopo che avrai finito di leggere il paragrafo dedicato al rischio dei bond, ti sarà chiaro il perché.

Quanto costa investire in obbligazioni

Una caratteristica fondamentale dei bond è di essere strumenti finanziari efficienti, ossia poco costosi (con l'eccezione delle obbligazioni strutturate emesse dalle banche). Per questo motivo ti saranno consigliate spesso dai tuoi consulenti, ma tu evitale sempre, come abbiamo detto prima.

Gli unici costi che sostieni quando investi in bond sono:

- le **commissioni di negoziazione**: applicate al momento

dell'acquisto o della vendita ma non del rimborso del titolo in scadenza, esse sono pari allo 0,20-0,30% del controvalore scambiato;

- il **costo di tenuta del conto titoli**: variabile da banca a banca e pari a una decina di euro all'anno;
- il **bollo sul conto titoli**: pari allo 0,10% per il 2012 e allo 0,15%, a partire dal 2013, del valore di mercato di tutti gli strumenti finanziari presenti nel dossier con un minimo pari a 34,20 euro annui.

Se sceglierai una banca online (come Fineco, Webank o IW Bank solo per citarne alcune) non pagherai nessuna spesa per la tenuta del conto titoli mentre le commissioni di negoziazione saranno pari solamente allo 0,20%.

SEGRETO n. 14: scegli una banca online per investire in obbligazioni non pagherai nessuna spesa per la tenuta del conto titoli mentre le commissioni di negoziazione saranno pari solamente allo 0,20%.

Non ti conviene acquistare bond se il tuo patrimonio disponibile è inferiore a 15.000 euro, eccetto che tu non abbia già un conto titoli aperto. Se investissi, ad esempio, solo 1000 euro e aprissi un conto titoli solo per quella cifra, pagheresti 34,20 euro annui, pari al 3,42% del capitale investito. Ciò implica che perderesti, praticamente, tutti gli interessi ottenuti dall'obbligazione.

SEGRETO n. 15: attiva il conto titoli solo se disponi di almeno 15.000 euro da investire. Per importi inferiori non conviene.

Quanto rischio se investo in obbligazioni?

Il primo rischio che corri acquistando un bond è di perdere il tuo capitale se il debitore alla scadenza non sarà in grado di ripagare il debito. È proprio ciò che avvenne in Argentina nel 2001 o alla Parmalat nel 2004. Il rischio emittente, che è il primo pericolo da prendere in considerazione, dipende dalla solidità finanziaria del debitore che ha emesso il bond.

Probabilmente hai già sentito parlare del *rating*, vero? Esso è un giudizio sintetico, espresso da apposite agenzie attraverso un gruppo di lettere e numeri, che esprimono la maggiore o minore *qualità del credito.* La tabella che segue riassume i diversi livelli di rating:

Giudizio	**Significato**
AAA	Elevata capacità di ripagare il debito
AA	Alta capacità di ripagare il debito
A	Solida capacità di ripagare il debito
BBB	Adeguata capacità di ripagare il debito
BB o B	Debito speculativo, rischi di insolvenza
CCC o CC o C	Elevate probabilità di insolvenza, debito speculativo

Tieni presente che **il rating, nella realtà, vale molto poco.** Imprese che sarebbero fallite nel giro di qualche settimana avevano ottimi giudizi fino al giorno precedente l'insolvenza conclamata! Riporre quindi fiducia eccessiva in questo strumento può diventare pericoloso.

SEGRETO n. 16: non fidarti in modo eccessivo dei rating ma diversifica i tuoi investimenti.

Non investire MAI più del 5% del tuo capitale in titoli dello stesso emittente. Il secondo rischio è legato alle **oscillazioni del prezzo di mercato dei bond.** Tieni a mente questa regola: tanto più la scadenza del titolo è lontana nel tempo, maggiori saranno le oscillazioni del prezzo di mercato degli stessi.

Inoltre i titoli a tasso fisso sono soggetti a oscillazioni maggiori rispetto a quelli a tasso variabile. Per questo ti consiglio di investire in un mix di titoli sia a tasso fisso che variabile con diverse scadenze, ma comunque non superiori a dieci anni a partire dal momento dell'acquisto.

Il terzo rischio riguarda la **carenza di scambi** di una certa obbligazione. Hai appena imparato che esistono appositi mercati nei quali i bond sono negoziati. Non tutti gli strumenti presenti nei portafogli degli investitori, però, sono automaticamente iscritti al listino. Vi sono parecchie obbligazioni, soprattutto emesse dalle banche, che non sono quotate presso un mercato ufficiale come il Mot o l'Eurotlx. Questo implica che se avessi investito in uno di questi titoli e dovessi vendere i tuoi bond prima della scadenza, avresti grosse difficoltà.

Ti troveresti, infatti, nella condizione di non trovare compratori, o di dover cedere le obbligazioni alla tua banca che li comprerebbe a un prezzo bassissimo. Prendere o lasciare.

SEGRETO n. 17: investi solo in titoli quotati sul MOT o sull'Eurotlx. È molto più sicuro nel qual caso dovessi vendere i tuoi bond prima della scadenza.

RIEPILOGO DEL CAPITOLO 3:

- SEGRETO n. 12: Quando acquisti un'obbligazione non limitarti a considerare il tasso cedolare ma valutalo insieme con il prezzo di acquisto attraverso il rendimento effettivo netto.
- SEGRETO n. 13: Verifica che la tua banca aderisca a entrambi i mercati: il MOT (mercato obbligazionario telematico) e l'Eurotlx.
- SEGRETO n. 14: Scegli una banca online per investire in obbligazioni, non pagherai nessuna spesa per la tenuta del conto titoli mentre le commissioni di negoziazione saranno pari solamente allo 0,20%.
- SEGRETO n. 15: Attiva il conto titoli solo se disponi di almeno 15.000 euro da investire. Per importi inferiori non conviene.
- SEGRETO n. 16: Non fidarti in modo eccessivo dei rating ma diversifica i tuoi investimenti.
- SEGRETO n. 17: Investi solo in titoli quotati sul MOT o sull'Eurotlx. È molto più sicuro nel qual caso dovessi vendere i tuoi bond prima della scadenza.

CAPITOLO 4:
Come investire in Borsa in modo efficace

Due motivi per non investire in azioni

Molto spesso i consulenti finanziari consigliano di investire in azioni una quota del proprio patrimonio *per il lungo periodo.* Prima di affrontare (e smontare) questa tesi così come ti viene proposta, dobbiamo capire a fondo com'è possibile investire in borsa in modo intelligente.

Anzitutto ti sconsiglio di acquistare singole azioni, per due motivi fondamentali:

- il rischio eccessivo;
- la diversificazione insufficiente.

Per entrare nel vivo dell'argomento, diciamo subito che il prezzo di un'azione oscilla a causa di due forze distinte:

- l'andamento del mercato nel suo complesso, che esercita un effetto di trascinamento dei titoli quotati;

- le vicende che riguardano specificamente l'azienda.

Il primo tipo di rischio, definito *sistematico*, riguarda l'andamento generale della borsa presso cui le azioni stesse sono quotate. Quando, ad esempio, parte un movimento rialzista di ampia portata, esso trascinerà al rialzo gran parte delle azioni quotate.

Allo stesso modo, quando la borsa crolla, è probabile che i prezzi dei singoli titoli quotati collassino indistintamente. Il secondo tipo di rischio è detto *specifico* e può agire da amplificatore oppure da freno rispetto al rischio sistematico.

Lascia che ti faccia un paio di esempi che ti chiariranno bene il concetto. Immagina che la borsa stia salendo sulla scia di un periodo positivo. Le azioni della società che ti interessa potranno andare particolarmente bene (e in questo caso il loro rialzo sarà ancora più vistoso rispetto al mercato in generale) o decisamente male a causa di questioni interne.

In questa seconda ipotesi ti troveresti con un titolo che perde valore all'interno di un mercato orientato al rialzo. Straordinario!

Tieni però presente che in finanza il rischio ha sempre due facce: puoi guadagnare se investi nella società giusta mentre perderai se investirai nella società sbagliata.

SEGRETO n. 18: investire in azioni di singole società comporta due tipi di rischio: uno sistematico, legato all'andamento della borsa in generale, e uno specifico, legato all'andamento della singola società.

La buona notizia è che è possibile eliminare il rischio specifico grazie alla diversificazione di portafoglio. Ciò avverrà a patto che tu investa in almeno 13 società diverse. Non solo, ma se anche lo facessi e acquistassi un buon pacchetto di azioni italiane, non diversificheresti comunque in modo efficace.

Il tuo patrimonio resterebbe concentrato su pochi emittenti nazionali. Di conseguenza una crisi che colpisse l'Italia ti procurerebbe delle perdite notevoli. Se sceglierai invece di diversificare i tuoi investimenti detenendo anche azioni estere, ti sarà più semplice ridurre i rischi complessivi del tuo portafoglio.

Magari l'Italia è in crisi ma un'altra nazione sta attraversando un periodo molto positivo di crescita economica.

Due motivi per evitare i fondi di investimento

Il metodo più noto per ottenere una diversificazione efficace del proprio portafoglio è sottoscrivere **fondi comuni di investimento**. Questi sono patrimoni collettivi raccolti da banche e reti di promozione finanziaria, e gestiti da apposite società. I fondi comuni (e il loro corrispettivo lussemburghese, le Sicav) offrono due tipi di servizi:

- la diversificazione;
- la gestione professionale.

Per legge, infatti, i fondi devono offrire un'adeguata diversificazione degli investimenti, rispettando regole precise e rigorose. Ecco perché sottoscrivendone le quote, il tuo patrimonio verrà suddiviso tra molti titoli differenti.

In secondo luogo il fondo non è solo un patrimonio statico, ma è amministrato da un gestore professionale che cerca di ottenere il massimo dai soldi affidatigli.

A dispetto di ciò ti sconsiglio di investire in fondi per due motivi:

- i costi che gravano su questi prodotti e che limitano il rendimento finale per te;
- il rischio che il gestore non sia in grado di offrirti un rendimento in linea con quello del mercato in cui investe.

Come investire in borsa in modo efficiente

Fino al 2002 la sottoscrizione dei fondi d'investimento era l'unico modo per ottenere una diversificazione adeguata del proprio portafoglio.

Dal settembre di quell'anno, però, è possibile investire in borsa in modo efficace, comprando a basso costo solo la diversificazione e tralasciando le onerose parcelle dei gestori professionisti. A questo punto dobbiamo compiere un passo ulteriore e comprendere bene i pro e i contro della gestione passiva del portafoglio.

I gestori possono compiere, nei limiti loro imposti dal regolamento del fondo, operazioni che influenzano l'andamento del patrimonio amministrato. L'obiettivo, naturalmente, è quello di ottenere rendimenti superiori a quelli offerti dai mercati di riferimento in cui gli stessi investono, solitamente rappresentati da un indice di borsa.

Per questo la loro gestione è definita *attiva.* Dall'altro lato abbiamo la cosiddetta gestione passiva (o indicizzata) scelta da coloro i quali vogliono limitarsi a ottenere le stesse performance del mercato nel suo complesso senza dare nessuna delega a un gestore.

Ovviamente questo significa che, se il gestore è bravo, chi opta per la gestione indicizzata otterrà un risultato più modesto, ma se il gestore non ce la fa (come le statistiche hanno ampiamente dimostrato) a *battere* il mercato, la gestione passiva si mostra superiore a quella attiva.

SEGRETO n. 19: la gestione passiva annulla il rischio specifico e priva il gestore del potere di delega.

Com'è possibile optare per la gestione passiva risparmiando parecchi costi in termini di commissioni di sottoscrizione e di gestione? Semplice: utilizzando i fondi indicizzati (ETF).

Gli Exchange Traded Funds (ETF) sono fondi d'investimento a gestione passiva, che si limitano a replicare l'andamento di un indice di borsa, con commissioni ridottissime e con la massima trasparenza.

Investire in ETF offre una serie di vantaggi:

- in quanto fondi d'investimento essi costituiscono un patrimonio separato rispetto alle attività della società di gestione e non aggredibile dai creditori di quest'ultima;
- l'assenza della gestione attiva limita il rischio di ottenere rendimenti inferiori a quelli offerti dal mercato;
- i costi sono bassissimi.

Solo vantaggi? No, uno svantaggio c'è ma lo vedremo tra poco. Facendo la somma dei pro e dei contro, gli ETF restano comunque il veicolo preferito per investire in borsa.

SEGRETO n. 20: per investire in borsa scegli gli ETF: hanno costi bassissimi, non sono aggredibili dai creditori delle

società e limitano il rischio di ottenere rendimenti inferiori a quelli offerti dal mercato.

Gli Exchange Traded Funds sono fondi non gestiti, in cui la società di gestione si limita ad acquistare titoli nelle stesse proporzioni previste dall'indice che l'ETF andrà a replicare.

Acquistare un ETF significa, nei fatti, comprare un paniere di azioni il cui andamento è esattamente uguale a quello di una borsa nel suo complesso. Un indice borsistico, infatti, altro non è che un paniere di titoli diversificati scelti sulla base di determinati criteri.

Ovviamente chi possiede quei titoli in quelle proporzioni, otterrà un rendimento assolutamente allineato a quello dell'indice stesso. Ecco il vantaggio micidiale degli ETF. Acquistare quote di ETF è molto semplice: a differenza dei fondi tradizionali per i quali è necessario rivolgersi a una banca che li collochi, gli ETF possono essere comprati presso qualunque banca, poiché sono quotati in borsa come se fossero azioni.

Per farti comprendere questo punto è utile ricorrere a un esempio.

Se sei cliente Unicredit, non potrai sottoscrivere fondi Eurizon, poiché gli stessi sono collocati da Intesa San Paolo. Se vuoi investire i tuoi soldi in un fondo di quella *scuderia*, dovrai per forza di cose rivolgerti a un promotore finanziario oppure aprire un conto presso Banca Intesa. Se, al contrario, vuoi acquistare degli ETF, potrai farlo tramite una qualunque banca, poiché gli Exchange Traded Funds sono quotati alla borsa di Milano al pari delle azioni Enel.

Ma questo comporta per te un ulteriore vantaggio. Immagina di voler investire o disinvestire del denaro da un fondo comune tradizionale. Dal momento in cui impartisci la disposizione a quello in cui la stessa verrà eseguita, passano di solito alcuni giorni. Questo significa che durante questo periodo sei fuori dal mercato: se hai acquistato e le quotazioni saranno salite, nel frattempo avrai subito una perdita. Se hai venduto e le quotazioni saranno scese prima che la disposizione sia stata eseguita, avrai subito una perdita. Questo fenomeno può tranquillamente essere evitato grazie agli ETF. Essi, infatti, sono negoziati durante tutta la giornata borsistica *facendo prezzo* di continuo. In qualunque momento puoi comprare o vendere questi strumenti al prezzo che vedi in quell'istante. Eviterai in questo modo delle spiacevoli sorprese legate a un prezzo dell'eseguito diverso da quello che ti aspetti a causa del ritardo con cui la disposizione è stata effettuata. La tabella che segue ti mostra le differenze tra i fondi tradizionali e gli ETF, permettendoti di cogliere i vantaggi di questo fantastico strumento:

Fondi comuni	**ETF**
Sono fondi a gestione attiva e possono fare meglio o peggio del mercato in cui investono.	Sono fondi a gestione passiva che si limitano a replicare l'andamento di un determinato mercato azionario.
Hanno costi elevati (mediamente il 3% al momento dell'ingresso e il 2% l'anno).	Hanno costi bassissimi (massimo lo 0,70% all'acquisto e massimo lo 0,75% l'anno).
Possono essere sottoscritti solo dalle banche che li collocano.	Si comprano in borsa tramite qualunque banca italiana ed estera.
Non è possibile conoscere il prezzo di sottoscrizione o di riscatto in quanto, l'operazione sarà avvalorata solo dopo alcuni giorni.	È possibile conoscere subito l'importo dell'operazione. Grazie alla negoziazione continua puoi vedere immediatamente il prezzo cui comprerai o venderai l'ETF.

Ovviamente gli ETF non presentano solo vantaggi ma anche svantaggi:

- una scarsa liquidità;
- il trattamento fiscale.

Anzitutto è bene che tu scelga ETF che scambiano molto. Se investirai su strumenti poco trattati, il rischio è quello di trovarti nei pasticci proprio nel momento in cui vuoi liquidare le posizioni, per esempio perché il mercato sta scendendo.

Immagina di voler disinvestire da un determinato mercato e di non poterlo fare perché non c'è nessuno disposto a comprare ciò che tu vuoi vendere. Un bel problema, non c'è che dire. Per fortuna è possibile ottenere la lista di tutti gli ETF scambiati con i volumi delle negoziazioni direttamente dal sito di BorsaItaliana.
I dati di particolare interesse sono due:

1. il controvalore scambiato;
2. lo spread, ossia la differenza media tra le proposte in acquisto e quelle in vendita.

SEGRETO n. 21: investi in ETF molto scambiati e con spread

bassi per non trovarti nei pasticci quando e se vorrai liquidare le tue posizioni.

Il trattamento fiscale, invece, è il vero punto debole di questi strumenti. L'utile degli ETF è infatti scomposto in due parti, una delle quali paga comunque le imposte anche in presenza di perdite pregresse (minusvalenze).

Una seconda parte dell'utile (di norma inferiore alla precedente), invece, può essere compensata con minusvalenze accumulate. Questo regime fiscale sfavorevole fa sì che gli ETF facciano pagare gli utili ai risparmiatori anche laddove ci sono perdite precedenti.

Esiste un modo per evitare questo problema? Sì, ma con un certo rischio. Gli ETF non sono l'unico modo per replicare l'andamento di un indice di borsa. Ci sono anche i *certificates*, ossia certificati di investimento emessi dalle banche che raggiungono il medesimo scopo.

Il vantaggio dei certificati è di generare utili completamente compensabili con minusvalenze pregresse, ma lo svantaggio è che si tratta di strumenti finanziari che implicano un rischio di credito. A differenza degli ETF, che sono fondi di investimento dotati di un proprio patrimonio separato da quello dell'intermediario che li gestisce, i *certificates* sono titoli di debito emessi dalle banche.

Da un lato, chi li utilizza gode di un regime fiscale migliore rispetto a quello cui sono sottoposti gli ETF; dall'altro, se la banca emittente dovesse fallire, non ci sarebbe nessun patrimonio a fungere da garanzia.

Nel caso di un ETF, invece, il fallimento dell'intermediario (al limite) implica la vendita dei titoli che compongono il patrimonio del fondo e la distribuzione del rinveniente tra i risparmiatori.

SEGRETO n. 22: gli ETF non hanno il rischio di credito, i certificati di investimento sì. Usali solo se devi recuperare perdite pregresse, altrimenti, anche al costo di una fiscalità penalizzante, investi in ETF.

RIEPILOGO DEL CAPITOLO 4:

- SEGRETO n. 18: Investire in azioni di singole società comporta due tipi di rischio: uno sistematico, legato all'andamento della borsa in generale, e uno specifico, legato all'andamento della singola società.
- SEGRETO n. 19: La gestione passiva annulla il rischio specifico e priva il gestore del potere di delega.
- SEGRETO n. 20: Per investire in borsa scegli gli ETF: hanno costi bassissimi, non sono aggredibili dai creditori delle società e limitano il rischio di ottenere rendimenti inferiori a quelli offerti dal mercato.
- SEGRETO n. 21: Investi in ETF molto scambiati e con spread bassi per non trovarti nei pasticci quando e se vorrai liquidare le tue posizioni.
- SEGRETO n. 22: Gli ETF non hanno il rischio di credito, i certificati di investimento sì. Usali solo se devi recuperare perdite pregresse, altrimenti, anche al costo di una fiscalità penalizzante, investi in ETF.

CAPITOLO 5:
Come investire in modo efficiente

Le due regole più importanti

Stai per scoprire due semplici ma potenti regole per investire con successo. Per prima cosa, ricorda che è impossibile prevedere il futuro andamento dei mercati finanziari e scegliere i tuoi impieghi futuri sulla base delle aspettative: ti manderà facilmente al macello (finanziariamente parlando).

Tutta l'industria del risparmio gestito appoggia sull'assioma secondo cui i mercati sono complicati e necessitano dell'intervento di esperti. Ma la verità è che nemmeno i famosi esperti sono in grado di prevedere in modo costante e profittevole il futuro andamento dei mercati e delle economie.

Investire sulla base di previsioni, implica il rischio di sbagliare in modo clamoroso. Inoltre una politica di investimento di questo genere porta spesso a risultati psicologicamente insostenibili. Ti faccio subito un esempio. Se anche *indovinassi* il mercato più redditizio dei prossimi cinque anni, difficilmente otterresti un guadagno in ogni periodo. Magari attraverserai un biennio difficile per poi guadagnare molto dal terzo anno in poi.

Che cosa accadrebbe se non sopportassi lo stress e liquidassi tutto dopo un anno? Perderesti gli utili copiosi dei periodi successivi. E ricorda che in questo esempio abbiamo considerato di aver scelto il miglior investimento del quinquennio!

Se allora i mercati sono imprevedibili e non puoi basarti sulle aspettative future per scegliere i tuoi investimenti, cosa devi fare? Semplicemente: conoscere te stesso. Vedremo tra poco che cosa vuol dire nel concreto tutto ciò, ma per ora desidero trasmetterti un concetto fondamentale: qualunque strategia di investimento deve essere per te *psicologicamente sostenibile*.

SEGRETO n. 23: conosci te stesso. Non cercare di prevedere il futuro andamento dei mercati finanziari, ma adotta sempre strategie di investimento per te emotivamente sostenibili.

La seconda regola fondamentale è l'allineamento finanziario. È uno strumento tanto semplice quanto potente e inutilizzato. Quando scegli di investire i tuoi soldi, per prima cosa, poniti questa semplice domanda: «Perché investo?» Molto probabilmente la prima risposta che ti verrà in mente sarà: «Per guadagnare». Ok, ma non ti accontentare di questa risposta superficiale.

Scava più a fondo per scoprire quali sono le vere motivazioni per le quali stai risparmiando. Ad esempio, potresti scoprire che il tuo obiettivo è l'acquisto della casa dei tuoi sogni, oppure la libertà finanziaria, ossia la possibilità di smettere di lavorare per vivere di rendita a partire da una certa data e così via.

Di solito, chi risparmia lo fa perché vuole accantonare delle somme in previsione di spese future, o, semplicemente, per avere una riserva di liquidità contro gli imprevisti. Ora, la regola base per investire con successo è individuare le esigenze che verosimilmente si presenteranno in futuro e abbinare a ognuna di esse un investimento in obbligazioni aventi pari scadenza.

In banca ti viene proposto un approccio rovesciato: il consulente ti chiede per prima cosa quanto sei disposto a rischiare e, per differenza, ti proporrà investimenti tranquilli. Questo è profondamente sbagliato.

Esigenze finanziarie future certe richiedono investimenti aventi le stesse caratteristiche. Se abbini strumenti finanziari a rendimento incerto a uscite di cassa sicure, nel tempo potresti commettere un grosso errore. Immagina, ad esempio, di investire sul mercato azionario i soldi che ti serviranno per pagare l'università di tuo figlio tra quindici anni.

Se i mercati avranno performance effettivamente positive, raggiungerai il tuo obiettivo con uno sforzo ridotto, poiché i rendimenti elevati ti aiuteranno a raggiungerlo. Ma se le borse dovessero avere un andamento negativo, ti troveresti nella condizione di non avere soldi a sufficienza per pagare gli studi di tuo figlio. A questo punto le soluzioni diventerebbero, per forza di cose, due:

- dovresti dire a tuo figlio di scegliere un'università meno prestigiosa in cui studiare o trovarsi un lavoro per finanziarsi gli studi;

- dovresti contrarre un prestito per reperire le somme che mancano.

Se invece abbinerai delle obbligazioni o dei titoli di stato con una scadenza pari a quella che ti interessa, sarai certo di avere a disposizione la somma che ti occorrerà.

In particolare puoi individuare un'obbligazione che presenti una scadenza simile a quella che ti interessa e valutarne il rendimento. Puoi trovare questo dato nella scheda titolo della pagina del tuo home banking, oppure puoi calcolare da solo il rendimento di un bond seguendo questo semplice tutorial che ti guida passo per passo.

Una volta conosciuto il rendimento netto dell'obbligazione e la sua scadenza, puoi determinare approssimativamente la somma da investire oggi (S) necessaria per ottenere un capitale a scadenza C tra *t* anni utilizzando questa formula:

S = C ((1+rn)^-t)

dove *rn* è il rendimento netto del titolo. Ad esempio, se mi serviranno 10.000 euro tra cinque anni e un'obbligazione con quella scadenza ha un rendimento netto del 4%, oggi dovrei destinare:

S = 10.000 ((1,04)^-5) = 8.219 euro

Infatti, con alcune semplificazioni possiamo affermare che 8.219 euro di oggi, investiti al 4% netto daranno tra cinque anni esattamente 10.000 euro.

SEGRETO n. 24: abbina esigenze finanziarie future con obbligazioni aventi pari scadenza. In questo modo sarai certo di avere a disposizione la somma che ti occorrerà *quando* ti occorrerà.

Se non vuoi impazzire nella scelta delle obbligazioni migliori, puoi tranquillamente rimanere sui titoli di Stato. In particolare i BTP, i Buoni del Tesoro Poliennali ti offrono rendimenti fissi elevati, un rischio accettabile e un'ampia gamma di scadenze. Su questa pagina trovi l'elenco di tutti i BTP disponibili sul mercato e, nell'ultima colonna, i loro rendimenti netti.

Come investire per fronteggiare gli imprevisti

È probabile che tu non sappia identificare tutte le tue future esigenze. Magari non hai ancora deciso, ad esempio, dove vorrai vivere, se in Italia o all'estero, se vorrai avere figli ecc.

Inoltre possono sempre capitare degli imprevisti. Magari un guasto alla macchina, una spesa odontoiatrica imprevista ecc. In tutti i casi è indispensabile disporre di una scorta di liquidità con cui fronteggiare le emergenze che si possono presentare nella vita di tutti i giorni. Ecco allora che il passo successivo, dopo aver individuato le esigenze future, è quello di investire una certa somma contro gli imprevisti. È difficile quantificare una cifra standard. Essa dipende da parecchi fattori legati alla tua personalità. Sei ansioso? Svolgi un lavoro che potresti perdere? Quanto ti senti esposto al rischio di non avere entrate per un certo periodo?

Personalmente credo che la quota di liquidità necessaria per fronteggiare gli imprevisti debba essere pari all'incirca da 3 a 6 volte il reddito mensile netto. Se, ad esempio, percepisci uno stipendio di 1000 euro un valore congruo potrebbe essere di 3000 euro. Questa somma andrà impiegata nei conti deposito, anche vincolati (a patto di poter però smobilizzare il capitale prima della scadenza, in caso di necessità). Grazie a questo cuscinetto di sicurezza potrai dormire sonni sereni sapendo che, in caso di imprevisti, non dovrai smobilizzare gli altri investimenti.

SEGRETO n. 25: destina tre mensilità del tuo reddito a un conto deposito. Questa somma sarà sempre disponibile per gli imprevisti e ti eviterà di disinvestire gli altri impieghi in caso di emergenza.

Come ottenere rendimenti maggiori

Arrivati a questo punto potresti aver investito tutti i tuoi risparmi e non averne più. Nulla di male, significa che hai fatto un ottimo lavoro: hai predisposto una quota di liquidità per fronteggiare gli imprevisti e hai delle obbligazioni che ti daranno il denaro che ti occorrerà in futuro per le tue spese e per raggiungere i tuoi obiettivi di vita. Oppure può darsi che tu abbia ancora del denaro disponibile. In questo caso, e solo in questa eventualità, potrai pensare di investire in azioni. Il capitale che avanza, infatti, non ti serve a nessun progetto specifico, perché a questi ultimi hai già pensato in precedenza, seguendo passo per passo la guida che hai appena letto.

Ora non fraintendermi. Non sto dicendo che puoi gettare dalla finestra quello che avanza, ma solo che puoi permetterti di correre qualche rischio in più. Devi investire tutto quello che resta in azioni? Dipende. Qui ritorna la regola iniziale: conosci te stesso. Se sei una persona che se la sente di rischiare, allora potrai impiegare tutto il capitale che avanza in azioni (utilizzando gli ETF, come vedremo tra poco).

Se, invece, sei una persona prudente, potrai scegliere di investire in borsa, sempre attraverso gli ETF, solo una quota del tuo capitale residuo. Il resto andrà impiegato in obbligazioni (o titoli di stato) con durata non troppo lunga, diciamo non superiore ai 7/10 anni al massimo. In questo modo non correrai il rischio di vedere il controvalore dei tuoi investimenti oscillare troppo.

Infine, non dovrai attendere tempi eccessivamente estesi per rientrare in possesso dei tuoi quattrini. Scadenze non troppo lunghe implicano che i tuoi soldi torneranno da soli in forma liquida man mano che le obbligazioni scadranno.

Con che criterio scegliere gli ETF e come gestirli nel tempo

Se il tuo capitale è piccolo, diciamo inferiore ai 20.000 euro, ti consiglio di scegliere un solo ETF molto diversificato. Ad esempio, puoi optare per quello che replica l'andamento delle borse mondiali, l'IShares MSCI World, il cui codice di negoziazione utile per trovarlo su Yahoo Finanza e per individuarlo presso la tua banca è iwrd.mi.

In questo modo otterrai un'ampia diversificazione dei tuoi investimenti, dato che i tuoi soldi saranno impiegati presso le principali borse mondiali. Per la cronaca, l'indice MSCI World che replica l'ETF che ti ho appena indicato è lo stesso con cui si confrontano (perdendo) i fondi azionari internazionali, che investono in azioni di società di tutto il mondo. Se il tuo capitale supera i 30.000 euro, allora potrai suddividerlo tra questi tre ETF:

- Ishares DJ Euro Stoxx 50 (codice di negoziazione eue.mi);
- Ishares MSCI Emerging Market (codice di negoziazione

ieem.mi);

- Ishares S&P 500 (codice di negoziazione iusa.mi).

In questo modo avrai investito rispettivamente in Europa (indice Eurostoxx 50), nelle economie emergenti (indice MSCI Emerging Markets) e in America (indice S&P 500).

Per ognuno degli ETF in cui investirai il tuo patrimonio, definisci la perdita massima accettabile. Ad esempio, puoi indicare che sei disposto a perdere al massimo il 10% di quanto investito. Una volta a settimana guarda le quotazioni, e se il prezzo scende al di sotto del tuo livello di uscita (definito tecnicamente stop loss) vendi tutto e versa il ricavato su un conto deposito.

In questo modo sarai sempre sicuro di non perdere irrimediabilmente i tuoi soldi.

SEGRETO n. 26: investi in ETF azionari ciò che ti avanza e fissa uno stop-loss che corrisponda alla perdita massima che sei disposto a sopportare. Raggiunta quella perdita, liquida tutto e versa il ricavato su un conto deposito.

RIEPILOGO DEL CAPITOLO 5:

- SEGRETO n. 23: Conosci te stesso. Non cercare di prevedere il futuro andamento dei mercati finanziari, ma adotta sempre strategie di investimento da te emotivamente sostenibili.
- SEGRETO n. 24: Abbina esigenze finanziarie future con obbligazioni aventi pari scadenza. In questo modo sarai certo di avere a disposizione la somma che ti occorrerà *quando* ti occorrerà.
- SEGRETO n. 25: Destina tre mensilità del tuo reddito a un conto deposito. Questa somma sarà sempre disponibile per gli imprevisti e ti eviterà di disinvestire gli altri impieghi in caso di emergenza.
- SEGRETO n. 26: Investi in ETF azionari ciò che ti avanza e fissa uno stop-loss che corrisponda alla perdita massima che sei disposto a sopportare. Raggiunta quella perdita, liquida tutto e versa il ricavato su un conto deposito.

Conclusione

Investire è un processo semplice e divertente ma non banale. È possibile ottenere risultati positivi e soddisfacenti dai propri soldi solo se hai le strategie giuste e metti il dovuto impegno e la necessaria determinazione nel seguirle. Il fatto che tu mi abbia seguito fino a qui mostra in modo inequivocabile che hai deciso di prendere il controllo della tua situazione finanziaria e che non sei disposto a lasciar fare alla tua banca.

Ti faccio i miei complimenti, perché ora hai un notevole bagaglio di strumenti e nozioni che ti permetteranno di investire con successo. Bada bene, ho detto con successo, ma non che ti permetteranno di diventare milionario. Investire è un processo delicato che mira in primo luogo alla conservazione del capitale, e in seconda battuta al guadagno.

Il motivo per cui è apparentemente così difficile occuparsi dei propri risparmi deriva dall'interesse per il mondo dell'intermediazione finanziaria a far credere che sia impossibile fare da sé. In questo modo sarai tentato di affidarti agli esperti che, pagati molto spesso per risultati vergognosi, si occuperanno di amministrare i tuoi soldi al posto tuo. Purtroppo costi e rendimenti degli impieghi finanziari non vanno d'accordo, per cui chi ha seguito i consigli della propria banca e ha investito in polizze, fondi comuni o obbligazioni ha finito con l'ottenere rendimenti molto bassi.

Ti riepilogo i punti salienti per investire da solo in maniera efficace:

- utilizza strumenti finanziari efficienti (conti deposito, Pronti Contro Termine, obbligazioni, ETF). La caratteristica comune di questi prodotti è la (quasi) totale assenza di costi. E come hai imparato, meno costi paghi con riferimento a un certo investimento, maggiore sarà il rendimento finale;
- dai adeguata copertura finanziaria alle esigenze di spesa che avrai in futuro. Ricorda che le esigenze finanziarie che certamente si manifesteranno in futuro, richiedono investimenti in grado di garantire le risorse finanziarie necessarie al soddisfacimento di quegli stessi bisogni;
- investi in borsa solo il denaro che eccede quello necessario a

soddisfare le esigenze che abbiamo visto al punto precedente, e fallo utilizzando fondi passivi indicizzati. I fondi comuni tradizionali a gestione attiva sono estremamente cari. Acquistare singole azioni ti esporrà al rischio specifico della singola azienda oltre a quello sistematico e relativo all'andamento del mercato nel suo complesso.

Prima di salutarti permettimi di dirti una **cosa importante**. Tutto ciò che hai letto e imparato fino a questo momento non servirà a niente senza l'applicazione pratica dei principi e delle strategie apprese.

Anche negli investimenti, come in tutti gli aspetti della vita, è l'azione a fare la differenza tra chi riesce a raggiungere i propri obiettivi e chi, invece, sta fermo. Quindi ora tocca a te! Passa all'azione! Se hai domande o dubbi o vuoi contattarmi, la mia mail è info@segretibancari.com.

Ti ringrazio per avermi accompagnato in questo viaggio e ti auguro buon investimento!

www.ingramcontent.com/pod-product-compliance
Ingram Content Group UK Ltd.
Pitfield, Milton Keynes, MK11 3LW, UK
UKHW022011190726
13853UKWH00004B/1878

9 788861 745476